walter garcia

ouvindo racionais MC's

cadernos ultramares

ORGANIZAÇÃO E PROJETO GRÁFICO

Marcos Lacerda, Ana Paula Simonaci e Sergio Cohn

CONSELHO EDITORIAL

André Botelho

Bernardo Esteves

Boaventura de Souza Santos

Evelyn Goyannes Dill Orrico

Fréderic Vanderberghe

José Luis Garcia

Maria João Cantinho

Renato Rezende

Teresa Arijón

Vagner Amaro

ISBN 9786586962772

azougue press |

coordenação geral Sergio Cohn

coordenação editorial

Sergio Cohn — Darien Lamen — Cristián Jiménez Plaza

Brasil | CNPJ 12.272.339/0001-26

Portugal | Oca Editorial NF 515805394

USA | E. Id. 803650511

Chile | Tucán Ediciones RUT 77.369.106-1

A proposta dos Cadernos Ultramares é transpor fronteiras. Não apenas geográficas, com a edição de um amplo panorama do pensamento brasileiro para o público português, mas também entre as áreas do saber, criando uma coleção transdisciplinar, acessível não apenas para leitores especializado, pesquisadores e acadêmicos, como para interessados em geral.

Para isto, os Cadernos Ultramares privilegiam a leveza do ensaio, a "brigada ligeira", utilizando-se de um gênero marcado pela abertura e experimentação, uma forma privilegiada para a proposição e a apresentação de interpretações da cultura e da sociedade. Nos últimos anos, o gênero ensaio tem sido revalorizado como um importante meio de diálogo entre a pesquisa acadêmica e a sociedade.

O Brasil possui uma produção riquíssima de pensamento em diversas áreas, que vão da física à antropologia, da matemática às artes. Os Cadernos Ultramares, ao trazerem importantes textos de alguns dos nossos mais renomados pensadores, sejam clássicos ou contemporâneos, busca possibilitar ao leitor um olhar amplo e qualificado sobre essa produção.

Interessa-nos a constituição de um diálogo entre áreas, de uma conversa aberta que escape das armadilhas do pensamento especializado e do produtivismo acadêmico. Interessa, antes de tudo, a valorização do encontro do leitor com o sabor do texto, do prazer da leitura e da troca livre de pensamento.

apresentação
POR MARCOS LACERDA

Walter Garcia vem atuando de forma decisiva no debate do pensamento brasileiro, em especial o voltado para a canção e a música popular. O seu livro sobre a obra de João Gilberto, *Bim Bom: a contradição sem conflitos de João Gilberto* (1999) é ainda um marco, especialmente pelo cuidado na análise formal, de base teórica, indo muito além do tom biográfico, anedótico ou meramente laudatório com que muitas vezes o grande músico é tratado. Professor do Instituto de Estudos Brasileiros da USP, Garcia dá continuidade ao trabalho de grandes mestres do pensamento brasileiro, como Antonio Candido, por exemplo, embora voltado para o estudo da canção popular. Numa outra visada, mais associada à formalização de uma teoria própria à canção, podemos citar aqui como referência Luiz Tatit, artista da canção, teórico da canção e professor de linguística da USP.

Sua obra vem se estendendo pela escrita de livros autorais (*Melancolias, mercadorias: Dorival Caymmi, Chico Buarque, o pregão de rua e a canção popular-co-*

mercial no Brasil, 2013), organizações de livros (*João Gilberto*, 2012), e uma série de artigos publicados tanto em livros quanto em revistas acadêmicas. Chama a atenção a análise de canções relacionadas ao rap nacional, em especial à obra do Racionais MCs. Em uma série de ótimas entrevistas, Garcia tem deixado claro que a análise, tanto do Racionais MCs quando de João Gilberto, expressa o que se poderia chamar de dois "sistemas" de produção crítica da canção no país, cada um a seu modo e com nível de excelência estético-formal equivalente, denotando momentos essenciais da formação de verdadeiras escolas do pensamento na canção brasileira.

E é dentro deste enquadramento que temos que entender o texto "Elementos para a crítica da estética do Racionais MCs", selecionado para este volume da Coleção Cadernos Ultramares, precedido de "Ouvindo Racionais MCs". O texto procura identificar o que seriam os aspectos determinantes, digamos assim, da obra do Racionais MCs, esforço que vem sendo realizado em artigos como o próprio "Ouvindo Racionais MC's" (2003), "Sobre uma cena de fim de semana no parque" (2011) e, em parceria com Guilherme Botelho e Alexandre Rosa, "Três raps de São Paulo: "política", Athalyba-Man (1994); "O menino do morro", Facção Central (2003); "Mil faces de um homem leal (Marighella), Racionais MC's (2012)", publicado em 2016.

No caso aqui em tela, o que se denota é um olhar sobre a violência não como uma dimensão local da realidade brasileira, mas como elemento estruturante das relações sociais brasileiras. Elemento estruturante observado e analisado, no entanto, de uma ambiência específica que corresponde à periferia da cidade de São Paulo, mas que ambiciona ir além, como se fosse um olhar mesmo "periférico" sobre o Brasil que rivaliza crítica e esteticamente com outros olhares sobre o país, com a mesma ambição de enquadramento reflexivo mais amplo. Vem daí o uso de referencial bibliográfico para além das canções do grupo, com nos casos da literatura de Lima Barreto, do pensamento de Gilberto Freyre ou Sérgio Buarque de Hollanda, da poesia de Manuel Bandeira e de uma canção recente e emblemática de dois dos maiores artistas da canção no Brasil: João Bosco e Chico Buarque. Desse modo, a nosso ver, o texto mostra a inserção da poética do Racionais MCs num espaço mais amplo vinculado a expressões mais inventivas da cultura no país.

A reflexão se desdobra assim em quatro canções que estão associadas a momentos distintos da obra. "Hey Boy", canção do primeiro álbum do grupo, *Ho-*

locausto urbano, apresenta um tom mais próximo ao drama, delimitando uma conversa de tom professoral entre dois rappers, moradores de um bairro popular, e um playboy, imagem associada aqui a um jovem de classe-média que por um acaso acabou por se perder e entrar involuntariamente no bairro; "Homem na estrada", canção do terceiro álbum do grupo, *Raio X do Brasil*, tem um tom mais épico ao descrever, através de uma voz que alterna terceira e primeira pessoas, um quadro amplo sobre a situação social de um bairro popular visto através da perspectiva de um ex-presidiário; "Capítulo 4 versículo 3", do álbum já considerado clássico *Sobrevivendo no inferno*, cuja longa estrutura parece ecoar o complexo labirinto da estrutura social brasileira contemporânea ao lado do lugar de reflexão e condição social do sujeito da canção, que se apresenta como imagem desafiante, ameaçadora, inclassificável, habitando espaços indefinidos entre o céu e o inferno, entre a queda e a ascensão, juiz ou réu e assim por diante; "Negro Drama", talvez a canção mais complexa entre elas, parte de um dos álbuns mais altamente reflexivos do grupo, *Nada como um dia após o outro dia*, mostra o que poderíamos chamar de uma espécie de tipificação estética e social do homem comum das periferias do Brasil que, ao lado do anonimato matável, possui também uma singularidade expressiva que pode fazer aparecer dimensões inconciliáveis da vida brasileira.

E é aqui que cabe o interessante paralelo com "Sinhá", canção de Chico Buarque em parceria com João Bosco. Nela, questões interseccionais que enovelam de forma complexa raça, gênero e condição social se apresentam de modo denso na voz de um escravo que, por ter "enfeitiçado" uma sinhá, teria sido alvo de tortura por parte do senhor de engenho. O feitiço, decente ou indecente, poderia ser considerado como a forma astuta e sub-reptícia com que tipos de sociabilidade e formas de cultura feita por grupos subalternizados se transformaram no centro da formação das classes médias e elites letradas. Curiosamente, há um paralelo aqui com uma das partes mais interessantes da canção "Negro Drama", em que o personagem mostra claramente isso ao se referir à captura pelo rádio do jovem das classes médias:

No meio de vocês, ele é o mais esperto
Ginga e fala gíria, gíria não, dialeto
Esse não é mais seu, ó, sumiu
Entrei pelo seu rádio, tomei cê nem viu
Nós é isso, aquilo, o quê, cê não dizia
Seu filho quer seu preto, ah que ironia

No entanto, se em "Negro Drama" há uma espécie de explicitação do conflito através da evidenciação de singularidades inconciliáveis, com forte poder disruptivo, em Sinhá parece haver uma espécie de reafirmação da lógica de conciliação, da contradição sem conflitos que acabou por gerar o complexo arranjo expresso na canção.

Sem recair num tom meramente normativo, ou mesmo maniqueísta, o texto chama o leitor para a confluência em que se encontram, ou melhor se desencontram, dimensões da vida brasileira em linhagens da canção popular que situam a tradição vinculada à Bossa Nova e ao rap nacional como instâncias de revelação e ocultamento tanto de sentidos históricos, políticos e sociais, quanto culturais, estéticos e formais do país. Para o leitor conhecedor da obra do Racionais MC's, fica o interesse em ver de que modo tal reflexão se estenderia para o último álbum do grupo, *Cores e valores*, a estranha suíte cujas canções parecem ser uma só, extensa e enigmática canção, ou mesmo, o álbum solo de Mano Brown, *Boogie Naipe*, com a exaltação a uma espécie de celebração da vida, do amor e do afeto e a elisão, ao menos temporária ou como suspensão do juízo, do conflito.

OUVINDO RACIONAIS MC'S

LENDO JORNAIS, VENDO TEVÊ

O passatempo preferido dos brasileiros é sair de casa para ouvir música com os amigos, em bares e casas de espetáculos, segundo uma recente pesquisa. Ouvir qualquer tipo de música diverte? Um executivo de uma grande gravadora multinacional afirma que divide seus produtos em três tipos, sem ligar para rótulos ou estilos: música para a cabeça, música para o coração e música para o pé. O primeiro tipo, diz ele, é a que faz pensar, mas parece que ouvi-la não permite à maioria das pessoas divertir-se muito ou emocionar-se. Pensar dá trabalho. Passatempo, ao contrário, é dançar, rir ou chorar. Música que faz pensar é elitista, seu mercado é restrito, embora o alto poder aquisitivo do seu consumidor fiel não deva ser desprezado. Um artista que faz pensar atende a um respeitável segmento do mercado, uma faixa pouco sensível às oscilações da nossa economia. A imagem desse tipo de artista dá prestígio à gravadora.

Mano Brown e Ice Blue, da periferia da zona sul de São Paulo, Edy Rock e Kl Jay, da periferia da zona norte, formaram o Racionais MC'S em 1988. O Racionais gravou até o momento seis discos: *Holocausto urbano* (1990), *Escolha o seu caminho* (1992), *Raio x Brasil* (1993), *Sobrevivendo no inferno* (1997), *Ao vivo Racionais* (2001) e *Nada como um dia após o outro dia* (2002). Tornou-se fenômeno de vendas e de mídia, sem se lançar por grandes gravadoras e sem contar com os habituais esquemas de promoção. Sempre se recusou a aparecer em qualquer "programa-comédia" de tevê. Mesmo assim, em 1998 ganhou o troféu de melhor clipe de rap e o principal prêmio da MTV do Brasil, o de melhor clipe segundo a votação do público. Dez amigos subiram ao palco, junto com o grupo, para receber essa premiação. A exposição não alterou o procedimento dos rappers do Racionais. Eles ainda selecionam as entrevistas que dão. Suas canções foram classificadas, até em livro, como Música Popular Brasileira.

Eles já disseram que o nome do grupo homenageia Tim Maia, que nos anos 1970 lançou dois discos (de músicas para o pé) com influência da Cultura Racional nas letras (Tim Maia Racional, vol. 1 e 11). Mas Edy Rock e Mano Brown também já disseram que o nome do grupo reage contra um tipo de rap fácil, que não força a pensar. E Mano Brown já defendeu que o nome do grupo deveria ser Emocionais.

Talvez o Racionais MC'S queira fazer música para o pé, a cabeça e o coração. Mas o grupo não se recusa a participar dos esquemas habituais, dizendo-se representante de uma comunidade que não tem outra voz senão o rap? E aquela tipologia intuitiva não foi criada por alguém que busca gerenciar o consumo dos vários segmentos do mercado, anunciando cada moda como "a vitória do sonho contra as chatices da vida real"? Por que então tentar relacionar essas duas atuações, se elas parecem existir em mundos paralelos?

Minha intenção foi partir do que considero o modo mais equivocado de se aproximar do Racionais. Na verdade, creio que não se possa conhecer sua obra pela ótica das grandes gravadoras, a qual muita gente acha que é a única, por ser a dominante, sobretudo porque é a hegemônica nos meios de comunicação de massa, incluindo-se aí os grandes jornais. A periferia do Racionais e o centro dos negócios do mercado fonográfico, entretanto, não estão de fato distantes: eles se mantêm unidos por um muro que os separa.

Há realidade demais no rap do grupo. Para analisá-lo, antes de tudo é preciso esclarecer de qual lado do muro se vive. O endereço parece definir muitas opiniões sobre uma obra de arte que expressa não a, mas uma visão crítica do muro enxergado pelo lado da periferia. Sobre uma obra de arte que acaba sendo esse muro, "fronteira do céu com o inferno".

OUVINDO RACIONAIS MC'S

Dá trabalho ouvir Racionais quando a vida de quem ouve não parece ser cantada pelo grupo?

É possível, claro, não pensar em nada e simplesmente dançar. Ou, também é claro, simplesmente deixar-se encantar pelos recursos da poesia oral, o que já inclui algum trabalho de pensamento. Por exemplo, admirando versos com rimas interna e externa: "Equilibrado num barranco incômodo, mal acabado e sujo / Porém seu único lar, seu bem e seu refúgio" ("Homem na estrada", de Mano Brown). Ou surpreendendo-se com imagens inusitadas, construídas por analogia:

> Metralhadora alemã ou de Israel
> Estraçalha ladrão que nem papel [...]
> Servindo o Estado, um pm bom
> Passa fome metido a Charles Bronson [...]
> Minha vida não tem tanto valor
> Quanto seu celular, seu computador [...]

> Se um salafrário sacanear alguém
> Leva ponto na cara igual Frankenstein
> ["Diário de um detento" de Brown e Jocenir]

Nesses versos, ainda é fácil apreciar a sonoridade causada pela semelhança entre "metralhadora alemã" e "estraçalha ladrão" ou pela repetição da consoante s. A letra foi feita para ser escutada, todos sabemos, e a utilização desses recursos não pretende imitar coisa alguma, mas sim agradar ao ouvido, criando uma harmonia no som das palavras. Imitação há, na mesma canção, quando se usa a onomatopeia "rá-tá-tá-tá" em dois sentidos, para metralhadoras e para o metrô, o que é interessante porque aproxima da morte causada por tiros a curiosidade de uma "gente de bem, apressada, católica / Lendo jornal, satisfeita, hipócrita / Com raiva por dentro a caminho do centro" (rima externa toante de proparoxítonas e rima interna consoante). E imitação também há em "Tic-tac, ainda é 9:40 / O relógio na cadeia anda em câmera lenta", onomatopeia que parece se expandir, a cada dois compassos, no timbre mais agudo do acompanhamento (produzido por KL Jay, o DJ do grupo).

Semelhante efeito ocorre no acompanhamento musical de "Tô ouvindo alguém me chamar" (Brown), sugerindo agora o batimento cardíaco captado por aparelhos médicos. Nessa canção, porém, virtuosidade maior apresenta a construção da narrativa: a recorrência do verso aproveitado no título vai ponteando a fala do narrador, o qual recorda sua vida, desde a sua entrada no crime, de mistura com a confusa percepção do seu estado atual, após ser baleado por outro bandido. O recurso da recorrência também estrutura "Mano na porta do bar" (Brown), mas nesta há um narrador épico ("testemunha ocular", diz a letra ecoando o Repórter Esso) que observa e conta a mudança na vida de um homem da periferia, de trabalhador pobre a traficante rico. "Você viu aquele mano na porta do bar?" é o verso recorrente que estabelece tanto o lugar do narrador quanto o do ouvinte, colocando-os como espectadores da ação.

É possível ainda se deixar encantar pela rítmica dos versos, pois a métrica irregular constrói um jogo instigante para o corpo e o entendimento. Na maior parte das vezes, os acentos da voz concordam com os quatro tempos de cada compasso, mas são feitas diversas subdivisões entre essas concordâncias. E também não deixa de ser comum a voz acentuar entre dois tempos, contra a métrica do compasso, com naturalidade e balanço (um aparente contra-senso habitual na música brasileira e, portanto, fácil de ser aceito pelo nosso corpo; difícil é pensar sobre essa sensação: acentos contraditórios que não são incompatíveis).

Privilegiei o ponto de vista de quem não considera que a sua vida seja cantada pelo Racionais. Mas é claro que quem reconhece imediatamente nas letras a sua própria experiência não só dança a música como também pode se encantar com esses recursos, mesmo quando a apreciação emocional permanecer em primeiro plano.

Na verdade, qualquer tipo de ouvinte também pode ignorar todo o domínio artístico do grupo, do qual se deram apenas alguns exemplos, e simplesmente prestar atenção ao conteúdo das letras. Quem não se identifica com os temas cantados pelo Racionais, então, talvez se assuste escutando palavrões, gírias ou que "a fúria negra ressuscita outra vez", após estatísticas comprovarem a exclusão social de negros e moradores de periferia no Brasil ("Capítulo 4, versículo 3", de Brown). A consequência é que esse ouvinte talvez se ofenda e interrompa a audição. Ou, ao contrário, talvez se solidarize com uma realidade diferente da sua.

Essas duas posturas inevitavelmente levarão a julgamentos de que o Racionais é ruim ou é bom como consequência da antipatia ou da simpatia despertadas não exatamente pela obra, mas pela mensagem que ela defende. De fato, é claro o propósito do Racionais de fazer da sua obra não só uma diversão, mas também um instrumento de crítica e de ação. Longe de negar este aspecto, quero entretanto propor uma escuta diferente dessas duas e das outras comentadas até agora. Partirei da ideia de que as experiências cantadas pelo grupo impossibilitam uma audição distanciada, impassível, pois acredito que elas não dizem respeito somente às camadas de baixo, e sim a toda nossa sociedade. O valor da elaboração artística, por sua vez, creio que não se dê por si só, por seu apuro, mas decorre do fato de que a técnica de feitura das obras está completamente adequada à profundidade das experiências representadas. E ainda que o ouvinte acredite se identificar com o grupo apenas pelo conteúdo das letras, ou prefira somente dançar, é o acerto da técnica que parece estar na base do sucesso e da importância da obra.

Num primeiro momento, pode-se dizer que as várias experiências narradas nos seis discos do Racionais tratam no fundo de um só tema: a violência que estrutura a nossa sociedade. O grupo canta a violência que estrutura as relações entre os familiares (quando há abandono, agressão física ou moral), os amigos (quando há traição), o homem e a mulher (quando há traição ou prostituição), o traficante e o viciado. Canta a violência do crime — do assalto, do estupro, do assassinato, do linchamento. A violência causada por inveja ou por vaidade. Também canta que a relação entre as classes sociais é sempre violenta: o tráfico e o crime (novamente), o racismo, a miséria, os baixos salários, a concentração de renda, a esmola, a publicidade, o alcoolismo, o jornalismo, o poder policial, a justiça, o sistema penitenciário, o governo existem por meio da violência.

Tratando essencialmente desse tema, o Racionais assume o ponto de vista da periferia e não canta com medo: canta com a cabeça levantada, como quem está pronto para revidar tudo — palavras, fisionomias, ostentações, socos ou tiros. E deixa pouco espaço para redenções: encontra-se a paz sobretudo no rap; ou na diversão (música, basquete, futebol, bilhar, dominó) com os amigos; na própria amizade; na lealdade; no dinheiro digno ganho graças ao estudo; na mãe que fez do filho "um homem, não uma puta"; nos raros momentos em que um homem percebe o valor das coisas em si, tirando desse encontro a sua identidade; na liberdade e na honra de não dever nada a ninguém; em Deus, Jesus, Virgem Maria, nos Orixás. Mas o caminho para obter a paz é sempre atormentado ("pra quem vive na guerra a paz nunca existiu"), por isso quem a experimenta, um momento que seja, já é um sobrevivente. Aliás, estar literalmente vivo ("contrariando a estatística") já é uma grande vitória, por ser quase uma exceção.

O ponto de vista do negro pobre, com pouca instrução escolar, morador da periferia e que não se deixa humilhar por nada disso, ainda é uma novidade tão grande na nossa história que para alguns ficou sendo a principal característica e o principal valor do Racionais. Mais importante que o lugar desprivilegiado de onde o grupo vê a sociedade, no entanto, creio que seja a extensão privilegiada que o seu olhar alcança: com inteligência, ele enxerga não apenas a violência na vida das pessoas das camadas baixas ("aqui não tem santo"), mas enumera a violência generalizada, praticada de vários modos de alto a baixo em toda a nossa sociedade — e principalmente praticada do alto para baixo, o que dá o que pensar.

Uma audição mais atenta, num segundo momento, percebe que a violência não é apenas detalhada e relatada, na obra do Racionais, ao modo de reportagem ou crônica (o que não deixa também de ser: "a nossa filosofia é sempre transmitir / a realidade, sim"). Não se ouve somente a enumeração minuciosa de fatos violentos e sim a articulação entre esses fatos. O

Racionais denuncia e critica a origem social e a consequência inevitável das várias formas da nossa violência. Ora, saber interpretar as coisas do mundo, articulando-as, é um exercício de pensamento raro para qualquer brasileiro, pertença à classe social que for — pergunte-se a quem trabalha com educação. Nesse sentido, pode-se dizer que a profundidade crítica do Racionais é ainda mais importante que a extensão alcançada pelo seu olhar. Indo direto ao ponto: o grupo canta que essa violência generalizada é resultado do sistema capitalista, responsável pela transformação de tudo (incluindo sentimentos e projetos de vida) e de todos ("preto, branco, polícia, ladrão") em mercadoria (com valor medido em dinheiro); essa universalidade, porém, convive com uma forma de opressão particular, o preconceito e a segregação racial, uma vez que o poder no Brasil é exercido rebaixando e excluindo em especial os negros, desde a escravidão.

Vou me utilizar de versos de seis canções para tentar simplificar esse quadro que é bastante complexo: por um lado, o bacana "disse que era bom, e a favela ouviu, / Uísque, Red Bull, tênis Nike, fuzil"; e, apesar do racismo, "nosso dinheiro eles nunca discriminam", pois esta é "a lei da selva: consumir é necessário / Compre mais, compre mais / Supere o seu adversário". Por outro lado, os burgueses "adoram a nossa po-

breza, / Pois é dela que é feita a sua maldita riqueza";
e, sendo negro, ao andar de carro, "eu me formei suspeito profissional, / bacharel pós-graduado em tomar geral" — o que leva à pergunta: "Preto e dinheiro são palavras rivais?"

Isso é ouvido disco após disco, sem essa simplificação que chega a desmerecer o tratamento que o tema ali recebe. Melhor escutar na íntegra, entre outros exemplos que poderiam ser dados, "Beco sem saída" (Edy Rock e Kl Jay), "Voz ativa" (Brown), "Mano na porta do bar" (Brown), "Homem na Estrada" (Brown), "Capítulo 4, versículo 3" (Brown), "Periferia é periferia (em qualquer lugar)" (Edy Rock), "Negro drama" ou "12 de outubro". E o grupo também canta qual o efeito dessa violência enquanto ela não encontrar barreiras (em outras palavras, enquanto prosseguirmos utilizando as práticas econômicas, políticas, jurídicas, policiais, culturais, educacionais e midiáticas do nosso capitalismo periférico): o efeito da violência é sempre a morte.

Poderia ser uma tese de sociologia mas, como todos sabemos, é rap.

Nem o ponto de vista do negro de periferia que reage a qualquer tipo de agressão sofrida; nem a percepção de que a violência estrutura a nossa sociedade; nem a crítica que denuncia o racismo e a mercantilização praticados pelo sistema capitalista como causas dessa violência: nenhum desses elementos teria realmente valor se a técnica de feitura da obra do Racionais MC'S não fosse perfeitamente adequada à representação da realidade. Mesmo que se valorize a mensagem mais do que a obra em si, deve-se prestar atenção ao fato de que o propósito do grupo é alcançado por causa dessa adequação.

O que estou chamando de técnica de feitura se refere tanto ao estilo de canção escolhida (rap), e aos recursos artísticos nela utilizados, quanto à integração do Racionais na cultura hip hop, este, um fator decisivo para entender o modo como se produz, se difunde, se distribui e se escuta a sua obra.[1]

As canções do Racionais são basicamente narrativas. Por fazer parte do hip hop (e não basta fazer rap para participar dessa cultura de rua, não custa lem-

1 Nesse ponto, minha análise se inspira na palestra "O autor como produtor',' na qual Walter Benjamin discute a obra literária:"antes de eu perguntar'como uma criação literária se colocaanfe as relações de produção da época?',eu gostaria de poder perguntar:como ela se coloca nas relações de produção? Esta pergunta se volta de modo imediato para a função que a obra desempenha dentro das relações de produção literária de uma época. Em outras palavras, ela aponta de modo imediato para a técnica de feitura das obras'.' In: Kothe, Flávio R. (Org. e Trad.). *Walter Benjamin.* 2a ed. São Paulo: Ática, 1991, p. 189.174.

brar), as canções falam de experiências dos integrantes do grupo e narram histórias comuns à coletividade da periferia urbana. Mas o efeito não se dá só porque a comunidade (que se vê nas fotos dos encartes) é citada em versos. A própria técnica de composição já parece encaminhar o trabalho para esse fim. Ice Blue afirmou que as letras são avaliadas por todo o grupo, mudando "três, quatro vezes". Mano Brown disse que "Diário de um detento" foi feita em cima de versos de Jocenir e de "várias cartas de [outros] caras que estavam lá dentro". Uma frase do rapper brasiliense Gog está em *Sobrevivendo no inferno* ("periferia é periferia em qualquer lugar"). O disco mais recente nem traz escritas as autorias das canções.

A característica épica da obra do Racionais nasce precisamente da intersecção entre a experiência do indivíduo e a vida da sua coletividade. No centro dessa intersecção existe a violência: "eu não li, eu não assisti, eu vivo o negro drama, eu sou negro drama, eu sou fruto do negro drama".

Ainda que se possa consumir Racionais como se joga um videogame (brincando de ser terrorista, bandido ou lutador de rua), a extensão e sobretudo a profundidade com que se trata o tema acabam por incluir a vida das outras classes sociais nas narrativas, como já apontei. Essa inclusão, todavia, pode ser vista como um efeito colateral da obra, invertendo a ideia de que o grupo é um "efeito colateral que o seu sistema fez" — uma espécie de desforra cantada em "Negro drama" ("Inacreditável, mas seu filho me imita"). O Racionais produz, difunde e distribui sua obra no circuito do hip hop e nunca precisou realmente da grande mídia para vender seu trabalho. Permanecer radicado nesse mercado periférico fortalece uma canção que é feita da "substância viva da existência".[2]

O acerto prossegue se pensarmos sobre a própria forma do rap (rythm and poetry, ritmo e poesia), a qual pode ser considerada o protótipo da figurativização. Este conceito é utilizado por Luiz Tatit para designar o principal recurso de compatibilidade entre letra e melodia, em qualquer canção. Em termos simples, a figurativização é o vínculo entre a fala e o canto; ela ocorre quando o desenho melódico está adequado à entoação das palavras e frases cantadas, isto é, quando do o canto "adere com perfeição aos pontos de acentuação do texto".

Não há canção bem feita que não utilize a figurativização. Tatit considera que o recurso esteja na base

<hr>

2 Cf. BENJAMiN, Walter."0 narrador: considerações sobre a obra de Nikolai Leskov" In: *Obras escolhidas: magia e técnica, arte e política.* Trad. Sergio Paulo Rouanet.6a ed. São Paulo: Brasiliense, 1993, pg. 200.

da própria história da canção popular brasileira, embora não seja nem o único que existe para compatibilizar melodia e letra, nem predomine na maior parte dos casos. Nas composições que simulam uma situação de conversa, porém, a figurativização é predominante, assim como nas interpretações de cantores que parecem falar quando cantam, não importa a música. Nos dois casos, o foco de atenção do ouvinte recairá sobre a voz "que canta porque diz e que diz porque canta", ficando em segundo plano o apelo à dança ou a emoção sugerida por uma melodia sentimental.[3]

Ora, se o propósito do Racionais é passar uma mensagem crítica por meio da letra, a figurativização é o recurso mais adequado para isso. E o rap é o estilo de canção no qual esse recurso é mais essencial, pois a melodia do rap se constrói apenas pelo ritmo, enquanto as notas musicais são substituídas pela sonoridade da letra (entoação, rimas, assonâncias, aliterações) e pelo timbre do rapper (o timbre sugere a altura da emissão de acordo com o fundo musical). Fundamentalmente, o jogo rítmico entre a voz e o acompanhamento é a garantia de que cantar rap não

3 Cf.ta tit, Luiz. *O cancionista*.São Paulo: Edusp, 1996, p. 9-27,160;a primeira citação que faço está na p.20.Se- miótica da canção. São Paulo: Escuta, 1994, p. 229-73; a segunda citação que faço está na p. 267. A canção:eficácia e encanto. São Paulo: Atual,1986.

é o mesmo que declamar um poema sobre um fundo musical: o rap quer passar uma ideia sem deixar de envolver todo o corpo do ouvinte.

Por outro lado, seria necessário pensar em que medida o objetivo do Racionais é fazer dançar. A insistência na comunicação da letra parece ser tamanha que algumas faixas são realmente declamações, ou se mistura a própria fala ao canto, ou se dramatizam situações (com recursos de sonoplastia). Não que o embalo seja descartado, mas é evidente a intenção de dar maior ênfase às palavras, e isso só se intensificou desde o primeiro disco. Acrescente-se o fato de que, enquanto as letras são complexas, longas e detalhadas, o acompanhamento musical é concentrado e reiterativo, alterando-se mais pela supressão que pelo acréscimo de elementos. Essa sobreposição, entretanto, não é uma falha, pois reflete com adequação a realidade[4]: liberdade de expressão ("um dos poucos direitos que o jovem negro ainda tem nesse país") e dificuldade tecnológica ("Atrasado eu tô um pouco,

4 "Para a crítica imanente uma formação bem-sucedida não é, porém, aquela que reconcilia as contradições objetivas no engodo da harmonia, mas sim a que exprime negativamente a ideia de harmonia, ao imprimir na sua estrutura mais íntima, de maneira pura e firme, as contradições'.'Cf. Adorno ,Theodor W. "Crítica cultural e sociedade" In: *Prismas*.Trad. Augustin Wernet e Jorge M. B. de Almeida. São Paulo: Ática, 1998, p. 23.

sim, tô, eu acho / Só que tem que seu jogo é sujo, e eu não me encaixo / Eu sou problema de montão, de carnaval a carnaval / Eu vim da selva, sou leão, sou demais pro seu quintal").

A dificuldade não inviabiliza a criatividade, contudo. A base musical de "Homem na estrada" do Racionais, por exemplo, vem de "Ela partiu" cantada por Tim Maia[5]. Comparem-se as duas gravações. KL Jay utiliza de forma interessante a voz de Tim Maia: no original, a frase "e nunca mais voltou" refere-se à mulher amada; no rap, a frase entra (fazendo *scratch*) junto com o verso "Até o IBGE passou aqui e nunca mais voltou". E KL Jay também repete muitas vezes, numa espécie de segunda parte, um único compasso da introdução original, em que a guitarra toca um acorde (Dm) acrescentando-lhe uma nota (7a menor) e imprimindo com isso um outro timbre à sequência harmônica. Assim, o destaque que esse único compasso adquire no rap ultrapassa em muito sua execução no arranjo original, quando corre o risco de nem ser notado.

De resto, a própria utilização do sampler na música popular está para ser mais bem esclarecida. Uma

---

5 Devo a indicação a Filipe Ferreira Gomes Luna, que desenvolve atualmente, na PUC-SP, pesquisa sobre o uso do sampler.

coisa, porém, é certa: se a marca dos produtos industriais é a padronização e a repetição, o hip hop é uma das culturas que não mascara esse aspecto mas coloca-o no centro da sua criação musical, a qual paradoxalmente ainda mantém características artesanais; um quadro interessante, que pode dar um outro sentido ao processo.

Creio que agora se possa avaliar melhor a poesia do Racionais. A linguagem que constrói as narrativas faz coincidir o tema e a expressão. Dessa coincidência é que nasce a verdade sentida na obra. Ouvir Racionais é experimentar a violência que estrutura a nossa sociedade. Mais especificamente, a violência que ergue um muro entre os "vencedores" e os "perdedores". Esse efeito, que é afinal o valor maior da obra, não seria alcançado se a realidade violenta não estivesse presente em cada recurso poético.

Isso já é percebido na escolha das palavras: situações violentas são narradas com "palavras de rua mesmo", um recurso que veio sendo conquistado a cada disco, conforme os rappers já disseram em mais de uma entrevista (inicialmente o grupo queria "ser intelectual, falar umas palavras difíceis", com "medo de ser mal interpretado, medo da música ser vulgar"). Também a sintaxe popular é empregada contra o preconceito linguístico e a favor da comunicação com a periferia. Com essa matéria-prima, os versos criam realidade e adquirem força crítica, extraindo daí a sua poesia. Em "Diário de um detento", por exemplo, o nome de um personagem cinematográfico e o uso de um clichê denunciam a crueldade da experiência com a qual a linguagem coloquial já parece ter se acostumado (narra-se o massacre do Carandiru, dia 2 de outubro de 1992, quando oficialmente 111 presos foram mortos pela PM, que intervinha em uma briga entre os detentos):"O robocop do governo é frio, não sente pena / Só ódio, e ri como a hiena".

Na mesma canção, uma outra analogia insiste na igualdade entre homens e imagens vendidas pela mídia (o que também se dá nos versos citados no início deste artigo), fazendo uma síntese da experiência de violência do capitalismo atual: "O ser humano é descartável no Brasil / Como modess usado ou bombril". Vale a pena reparar: modess e bombril são marcas que, por metonímia, passaram a significar os próprios produtos na nossa sociedade — assim, o processo capitalista já vai impresso na linguagem; o ser humano é igualado a absorvente higiênico e esponja de aço, mercadorias usadas por todas as classes sociais (que têm algum poder de compra) e atiradas no lixo depois que limparam e retiveram alguma forma de sujeira;

entre as 1001 utilidades do bombril, o preconceito racial incluiu sua comparação com o cabelo do negro; o fim do modess é ser descartado com sangue, como se fez com os homens mortos no massacre.

Outros versos apontam a ligação íntima entre os dois lados do muro na história, unidos que estão pela violência. A crítica não seria tão eficaz se a letra não recuperasse mais uma vez a força expressiva de um clichê, por aplicá-lo de modo quase literal: "Rá-tá-tá-tá, Fleury e sua gangue / Vão nadar numa piscina de sangue". Essa estrutura de pensamento, que enxerga a relação entre as partes e não os fatos isoladamente, não é exceção na obra do Racionais. Vale lembrar que a crítica de "Mulheres vulgares" (Edy Rock / KL Jay), faixa do primeiro disco, foi complementada no segundo disco por "Parte 11" (Edy Rock), na qual se critica tanto a mulher traidora quanto o homem traído e o homem traidor. Veja-se que o grupo não está sozinho na sua forma de raciocinar. Em 1844, Marx considerava: "A prostituição é apenas uma expressão particular da prostituição geral do trabalhador, e, desde que a prostituição é uma relação que inclui não somente o prostituído, mas também o prostituinte — cuja infâmia é ainda maior —, recai também o capitalista nesta categoria".[6]

6 Cf. Marx, Karl. *Manuscritos econômico-filosóficos e outros textos*

A beleza sonora dos versos também se constrói pelo uso da linguagem coloquial e sem que a crítica seja prejudicada; ao contrário, a crítica se intensifica quando a sonoridade nos faz experimentar que "até no lixão nasce flor". Em "Negro drama", por exemplo, o grupo se dirige ao "senhor-de-engenho" confrontando-o com os versos: "Eu recebi seu ticket, quer dizer, kit / De esgoto a céu aberto e parede madeirite". Há aliteração, rimas e o espelhamento das pronúncias "tchíki" e "kítchi". Poderia ser um mero jogo de palavras, não estivesse a realidade ali tão presente no complemento salarial (ticket) e nos produtos industriais ordinários (kit e madeirite), entremeados pela descrição pura e simples da favela. É de se notar que, na canção popular-comercial brasileira, a qualidade poética e crítica dessa formulação se coloca no mesmo nível de uma passagem do samba "Biscate", de Chico Buarque: "Quem que te mandou tomar conhaque / Com o tíquete que te dei pro leite?", cuja homofonia nos dá o espelhamento "tchíkitchi ki tchi", semelhante ao som de chocalho.

Por fim, em meio a palavras e situações de rua, o Racionais também faz referências aos Orixás e princi-

escolhidos.Trad. José Carlos Bruni. 5a ed. São Paulo: Nova Cultural, 1991, p. 169. (Os Pensadores).

palmente à Bíblia, intensificando o ponto de vista de enfrentamento, uma vez que as invocações não atuam como analgésicos. Pelo contrário, ao estabelecerem um parâmetro de justiça não encontrado na realidade, impelem ainda mais para a luta. Uma religiosidade "pão pão, queijo queijo", que determina o certo e o errado sem meio-termo, adequada no fim das contas à experiência de viver do lado infernal do muro, sem poder vacilar. Aquele Brasil da cordialidade, no qual os antagonismos eram sufocados pelo aparente convívio afetivo, tornou-se, no final do século xx, o Brasil da fratura social. A canção do Racionais, com uma lucidez sem par nesse momento, nos dá a chance de experimentar a violência dessa fratura (que ameaça transformar qualquer contato humano em confronto) e nos adverte de que as coisas não devem ficar assim:

Minha intenção é ruim, esvazia o lugar

Eu tô em cima, eu tô a fim, um, dois pra atirar

Eu sou bem pior do que você tá vendo

O preto aqui não tem dó, é 100% veneno

A primeira faz "bum!", a segunda faz "tá!"

Eu tenho uma missão e não vou parar

Meu estilo é pesado e faz tremer o chão

Minha palavra vale um tiro, eu tenho muita munição

Na queda ou na ascensão, minha atitude vai além

E tem disposição pro mal e pro bem
Talvez eu seja um sádico ou um anjo, um mágico
Ou juiz, ou réu, o bandido do céu
Malandro ou otário, quase sanguinário
Franco atirador se for necessário
Revolucionário, insano, ou marginal
Antigo e moderno, imortal
Fronteira do céu com o inferno
Astral imprevisível, como um ataque cardíaco do verso
Violentamente pacífico, verídico
Vim pra sabotar seu raciocínio
Vim pra abalar seu sistema nervoso e sanguíneo
Pra mim ainda é pouco, pra cachorro louco
Número um, guia, terrorista da periferia
Úni-dúni-tê, eu tenho pra você
O rap venenoso é uma rajada de pt
E a profecia se fez como previsto:
Um nove nove sete depois de Cristo
A fúria negra ressuscita outra vez
Racionais, capítulo 4, versículo 3...

eLeMeNTOS PaRa a CRÍTOCa Da esTÉTICa DO RacioNais MC'S (1990-2006)[1]

Para a crítica, não há valor de revelação em indicar que os diversos pontos de vista dos raps do Racionais MC's (Mano Brown, Ice Blue, Edy Rock e Kl Jay) são fixados nas periferias de São Paulo. Nem há valor em apontar que os seus versos articulam as experiências dos personagens com os processos sociais que regulam o cotidiano dessas periferias. E talvez não haja valor também em dizer que grande parte dessa obra

---

1 Este ensaio é parte de um estudo mais amplo sobre o trabalho do Racionais MC's e resulta de projeto de pesquisa realizado com auxílio da Fapesp. As análises revisam e ampliam formulações de três textos anteriores: minha comunicação no *III Encontro de Estudos da Palavra Cantada* (a convite de Cláudia Neiva de Matos, Elizabeth Travassos e Liv Sovik), em agosto de 2011; o artigo "Radicalismos à brasileira", apresentado na série de encontros *Atualidade da crítica*, em novembro de 2011; e o verbete "Rap", publicado em Leonardo Avritzer *et alii* (org.), *Dimensões políticas da justiça*. Rio de Janeiro: Civilização Brasileira, 2013, p. 637-646.

se baseia no "conceito da violência contra a violência" (Mano Brown, 2011), o que leva o canto do Racionais, sobretudo o de Mano Brown, a soar como revide.

Quando se escuta o grupo, facilmente se reconhece tudo isso. Mas talvez seja interessante acompanhar de que modo o gesto de revide veio se intensificando, disco a disco, pela compreensão mais ampla e mais aprofundada da violência que estrutura a sociedade brasileira. Dizendo de outro modo, a agressividade dos raps, adensada a cada trabalho, também comunica a lucidez do Racionais MC's. Lucidez que, em boa parte, parece ter se desenvolvido justamente como resultado dos vários pontos de vista sempre situados nas periferias.

Assim, partirei dessas características, que se apresentam na superfície da obra, e analisarei quatro raps: "Hey Boy" (Mano Brown), "Homem na estrada" (Mano Brown), "Capítulo 4, versículo 3" (Mano Brown) e "Negro drama" (Edy Rock/ Mano Brown). O objetivo principal é identificar elementos mais profundos que contribuam para a crítica da estética do Racionais MC's no período de 1990 até 2006. Para tanto, as análises incluirão, além da pesquisa do ponto de vista e de outros componentes formais, o cotejo dos raps com obras literárias ou com canções que trabalham experiências semelhantes.

Não se trata, porém, de apontar influências – embora Mano Brown já tenha declarado que ver Thaíde na televisão e, depois, "de verdade na São Bento" foi o primeiro incentivo que teve para cantar rap (Kalili, 1998a, p. 34). Nem se trata de desconhecer que há diferenças evidentes entre a sociedade que serve de matéria-prima para o Racionais MC's ao final do século XX e a que serve, p. ex., para Lima Barreto nas primeiras décadas daquele século – ainda que os paralelos estabelecidos, entre a produção de um e a de outro, realmente queiram sugerir que os dois tempos históricos coincidem em alguma medida. Mas o cotejo das obras almeja sobretudo pesquisar a constelação à qual o trabalho do Racionais, em sua trajetória, se integra. [2]

Talvez um pequeno exemplo ajude a esclarecer. Em "V.L. (Parte II)", faixa do CD-duplo *Nada como um dia após o outro dia*, de 2002, Mano Brown canta "Mas, em São Paulo, Deus é uma nota de cem". Não sei se o verso cita uma máxima ou se é feito "à maneira de". Seja como for, não se trata de um caso isolado. Aqui como em outros raps do Racionais, "condensada

2 Em várias passagens do artigo, ficará mais ou menos evidente que procuro desdobrar certa linha da crítica que, no Brasil, foi desenvolvida por Antonio Candido, Roberto Schwarz e José Antonio Pasta, entre outros. Ver, p. ex., Schwarz (1999).

em uma forma lapidar, a experiência se torna conceito, sabedoria popular que sugere regras de conduta" (Garcia, 2007, p. 214). Em "V.L. (Parte II)", o verso aconselha a despertar de um sonho: "Às vezes eu acho que um preto como eu/ Só quer um terreno no mato só seu/ Sem luxo, descalço, nadar num riacho/ Sem fome, pegando as frutas no cacho". E esse conselho é dado porque a realidade concreta, sintetizada no verso, é oposta ao sonho e diz respeito ao domínio *sobrenatural* da forma-mercadoria, a qual constitui as relações sociais e a subjetividade do sujeito na metrópole.

Ora, contemporânea a "V.L. (Parte II)", mas produzida no âmbito da cultura popular tradicional, uma canção entoada por João dos Santos Rosa, da Comunidade Quilombola de Sapatu (Eldorado – SP), tematiza a mesma experiência assumindo o ponto de vista da vida simples em meio rural:

> Quem não acredita em Deus
> Acredita no dinheiro
> E pega sua terrinha
> E vende pro fazendeiro
> Vai embora pra cidade
> Pra ver se a vida melhora
> Ele fica na pior
> Na maior dificuldade

Senhora, não tem disso, não
Senhora, não tem disso, não
Se deixar da liberdade
Pra viver só na prisão. (Dias, 2003)

Fugiria aos limites deste texto refletir sobre o teor de resistência, ou de utopia, ou de conformismo cristalizado nesse canto. Importa assinalar a sua relativa coincidência com o rap: não acreditar em Deus é acreditar no dinheiro, e acreditar no dinheiro é mudar-se para a cidade. Sabe-se que a substituição do respeito e do temor religioso pela mera relação monetária, a transformação da dignidade pessoal em valor de troca, a submissão do campo aos grandes centros urbanos fazem parte do processo de modernização do capitalismo. Assim, podemos tanto aproximar as duas obras quanto estender a pesquisa em direção a outros períodos históricos que marcaram esse processo no Brasil. P. ex., o impulso industrial e o crescimento urbano durante a década de 1930 parecem se depositar na máxima "Dinheiro valia mais do que Deus", incluída em *Usina*, de José Lins do Rego (1982, p. 84), romance publicado em 1936. Dez anos mais tarde, publicou-se *Sagarana*, de João Guimarães Rosa. Seu conto "A hora e a vez de Augusto Matraga", vinculado ao mundo sertanejo, aproveita um dito mais piedoso:

"– Fala com Nhô Augusto que sol de cima é dinheiro!..." (Rosa, 1982, p. 330). Já o período da Primeira República deixou-nos o comentário "Ah! meu caro, dinheiro é mais forte que amor", no diálogo que enforma a crônica de Machado de Assis de 18/12/1892. Talvez a constelação se amplie para além do razoável. Ou talvez não, pois a crônica aborda "o célebre encilhamento" (Machado de Assis, 1996). De todo modo, cite-se ainda uma passagem de *Recordações do escrivão Isaías Caminha*, de Lima Barreto, cuja 2ª edição, revista e aumentada, é de 1917: ao descrever o tempo em que, recém-chegado da província, conheceu a solidão e o desamparo na capital do país, Isaías relembra que, naqueles dias, deu "alma ao dinheiro" (Lima Barreto, 1976, p. 55-56).

HEY BOY

"Hey Boy" foi gravado para o primeiro disco do Racionais, *Holocausto urbano*, de 1990. A introdução traz um diálogo falado, não cantado. Encena-se, tal como em filme cinematográfico ou em peça radiofônica, um encontro nada amistoso entre dois jovens de classe baixa que habitam na periferia, representados por Mano Brown e Ice Blue, e um boy, isto é, um jovem de classe média ou de classe alta. O lugar do conflito é um bairro de periferia, para onde o boy foi de moto.

(Ice Blue) – Hey, boy, hey, boy!

Dá um tempo aí, cola aí, 'pera aí!

(Mano Brown) – Quem é, mano, o que esse otário

'tá fazendo aqui? Aí, dá um tempo aí, chega aí.

(Boy) – Que foi, bicho?

(Mano Brown) – Lembra de mim, mano?

(Boy) – Não.

(Mano Brown) – Então vamo' trocar uma ideia

nós dois agora, morou?

Então da fala se passa ao canto, e somente os dois jovens que habitam no bairro têm voz. Inicialmente eles pedem para o boy se explicar. E o ameaçam, entoando que "não vai ser fácil" sair de um "ninho de cobra". Mas logo a conversa muda de figura. Ainda que as dicções não percam nunca o tom de ameaça, as palavras, na verdade, explicam ao boy por que o bairro não é o lugar dele, por que ele pode se ferir onde "nós somos a consequência... maior/ Da chamada violência/ [...] E bode expiatório de toda e qualquer mediocridade".

O vocabulário e as formulações deixam os manos com um tom professoral: "A marginalidade cresce sem precedência/ Conforme o tempo passa, aumenta, é a tendência". É como se ouvíssemos dois alunos que argumentam com capricho, raciocinando a partir do aprendizado prático sem ignorar o aprendizado teórico. Entre um e outro, a elaboração se utiliza do conhecimento da canção negra dos EUA (na qual, é óbvio, o rap se inclui), cuja influência fica patente desde o título da canção; e se utiliza do rádio e da construção de tipo dramático, duas influências que retornariam com força nos discos seguintes. Mudando de ângulo, é como se a valentia adolescente, nutrida nas ruas e nos meios tecnológicos de comunicação, se misturasse à incorporação do gesto do professor escolar que fala sem admitir réplica.[3]

As últimas páginas de *Recordações do escrivão Isaías Caminha*, de Lima Barreto, trazem uma cena que valerá a pena retomar. Dentro de uma carruagem, o personagem reflete sobre o que fez dos seus sonhos de estudo e de trabalho, após ter vivido na miséria e, naquele momento, ser o protegido número um do patrão, o "doutor Ricardo Loberant", proprietário e diretor do jornal *O Globo*. No Largo da Lapa, o caminho é

3 Ice Blue e Mano Brown declararam, em duas entrevistas, que inicialmente o Racionais MC's queria "ser intelectual, falar umas palavras difíceis" (Santos, 1997), com "medo de falar gíria, medo de ser mal interpretado, medo da música ser vulgar" (Kalili, 1998b, p. 17). Como se nota, o recurso de cantar situações violentas com "palavras de rua mesmo" (Santos, 1997) foi conquistado ao longo da trajetória do grupo, "contra o preconceito linguístico e a favor da comunicação com a periferia" (Garcia, 2004, p. 177).

bloqueado. Isaías vê uma "aglomeração de populares" e enxerga, levada por dois soldados, a ex-amante do deputado Castro, político a quem ele fora recomendado e que não lhe arranjara uma posição na burocracia tão logo o estudante chegara ao Rio de Janeiro. Cogita, então, no sentimento que teve revendo aquela mulher num momento em que ambos haviam trocado de lugar na sociedade: ela, detida na rua; ele, um "parasita", um "vulgar assecla", confortável na carruagem. O sentimento o faz indagar se ele também não seria, em parte, responsável pela desgraça daquela mulher (Lima Barreto, 1976, p. 192-193).

Pode-se afirmar que os versos de "Hey Boy" se organizam a partir de uma experiência semelhante. As vozes de Mano Brown e Ice Blue se revestem de agressividade. Porém a ideia substancial do que se canta é a conscientização do boy, o qual, se não conhece cada um dos moradores do bairro, tem a sua vida diretamente ligada às vidas de todos. A relação é explicada didaticamente, e caso se faça a velha pergunta sobre o investimento estético da arte engajada, deve-se avaliar, entre outros recursos, a rima "etiqueta" / "sarjeta", síntese da explicação.

> Você gasta fortunas se vestindo em etiqueta
> E na sarjeta as crianças, futuros homens

Quase não comem, morrem de fome
Com frio e com medo
Já não é segredo, e as drogas consomem.

Ao mesmo tempo, a substância do que se canta é também a conscientização do público ao qual o Racionais MC's se dirige primordialmente: o jovem que habita na periferia urbana. Isto é lógico, em primeiro lugar, porque a canção ensina com o discurso (que deve ser) endereçado ao boy. Em segundo lugar, porque no desfecho, quando do canto se retorna à fala, o personagem representado por Mano Brown diz que tem "todos os motivos": "mas nem por isso eu vou te roubar". Assinala-se, de modo explícito, um caminho agressivo mas alternativo em relação ao da marginalidade. [4] Não custa sublinhar, um caminho que nada tem a ver com a ascensão à sombra de um protetor, com o humilhante conforto que resulta desse parasitismo. Assinala-se a alternativa trazida pelo hip hop ou, mais especificamente, por sua forma de canção, o rap. [5]

4 Para uma excelente discussão sobre o assunto circunscrita ao trabalho do Racionais MC's até Sobrevivendo no inferno, ver Maria Rita Kehl (2000).
5 É certo que as relações entre o pensamento do artista e a forma da obra nunca são simples e imediatas. De todo modo, algumas declarações de Mano Brown talvez contribuam para a discussão do

De fato, a perspectiva de "Hey Boy" se torna mais compreensível quando lembramos que a criação dos versos, feita a partir de experiência "que funde problemas pessoais com problemas sociais", [6] se estruturou com base no encaixe rítmico do canto em relação à batida do funk. Dizer isto é quase dizer o óbvio para aqueles que acompanham o rap e o hip hop. Ainda assim, deve-se salientar esse dado fundamental. Em síntese, o rap possibilita ao jovem da periferia urbana atuar de maneira digna com seu pensamento, sua voz, seu corpo. "Hey Boy" não alcançaria o mesmo significado se os versos acima transcritos, p. ex., não tivessem sido tratados musicalmente como foram por Mano Brown e Ice Blue. [7]Aliás, nesse trecho sobretu-

que se afirma: "Não sou porta-voz do movimento hip hop, mas da periferia – talvez. Algumas coisas são básicas. A autovalorização, o estudo e a distância de tudo o que faz mal – bebida, droga e novela. Lutar para ter as coisas, mas evitar que o dinheiro suba à sua cabeça e você vire ladrão" (Plasse, 1994); "O rap não apavora ninguém. O classe média já é apavorado por natureza. O rap é só a trilha sonora do mundo em que a gente vive. O mundo já é apavorante" (Pimentel, 2001); "Agora, veja como é que é. As pessoas falam que somos preconceituosos. Saiu no jornal assim: 'Racionais cantam para playboys'. A partir do momento em que o jornalista reconhece que aqueles caras são playboys, então não estamos errados. Os jornalistas perceberam que existe uma elite, que existe um playboy" (Júlio Maria, 2006).
6 Utilizo-me livremente de formulação de Antonio Candido sobre Lima Barreto (Candido, 1989, p. 39).
7 O documentário Nos tempos da São Bento, de Guilherme Botelho, traz elementos fundamentais para a pesquisa da formação musical

do por Ice Blue, o qual só por dominar o artesanato rítmico do rap não atravessa a bateria eletrônica (que acentua, no compasso quaternário, a cabeça do segundo e a do quarto tempo) nos versos "Com frio e com medo/ Já não é segredo, e as drogas consomem".

Voltando ao romance de Lima Barreto, recorde-se que o negro Isaías Caminha ganhara maior respeito do patrão no instante em que, pela primeira vez, respondera à agressão verbal de outro repórter ("'Seu' moleque! Você saiu da cozinha do Loberant para fazer reportagem...") com a agressão física: "o emprego da violência, do murro, do soco" (Lima Barreto, 1976, p. 184-185). Façamos outro paralelo. Pode-se dizer que o tom de ameaça mantido em "Hey Boy" retrata, sem dúvida, uma experiência concreta num bairro de periferia quando a área, de espaço público com livre circulação, se transforma numa espécie de condomínio, com acesso restrito (será que caberia insistir na pergunta "o que esse otário 'tá fazendo aqui"?). Mas isso não é tudo. Deve-se acrescentar que o rap canta o revide, a tática de *conseguir a paz de forma violenta*. Um comportamento, ao que parece, aprendido na própria

do Racionais MC's durante a década de 1980 (Botelho, 2010). Já os extras do DVD 1000 trutas 1000 tretas trazem a pesquisa e a reflexão do próprio grupo sobre a cultura à qual o trabalho do Racionais dá continuidade (Racionais, 2006).

luta contra as formas de violência que valorizam ou depreciam a cor da pele e que não respeitam delicadeza, inteligência, bondade, timidez, fraqueza (Lima Barreto, 1976, p. 72-75 e 184).

HOMEM NA ESTRADA

A crítica das injustiças e a reação violenta se adensam a partir do disco *Raio X Brasil*, de 1993. É o caso de "Homem na estrada" (Mano Brown). Sua estrutura é do tipo épico, não mais do dramático como em "Hey Boy". A mudança permite que o rapper construa com bastante requinte o seu ponto de vista: mais do que *ao lado*, o narrador se situa *no mesmo lado* do protagonista, comprometendo-se radicalmente com o tipo social que este representa ao mesmo tempo que dele guarda certa distância. O recurso básico é, ao longo da canção, fazer o foco narrativo oscilar entre a 3ª pessoa, nas passagens em que o narrador observa o "homem na estrada" e relata a história dele, e a 1ª pessoa, quando o narrador efetivamente assume o papel do "homem na estrada".

Narra-se a história de um ex-detento que "recomeça sua vida". O protagonista "quer viver em paz/ Não olhar pra trás, dizer ao crime: nunca mais!". A canção é pontuada pelo verso "o homem na estrada", que finaliza todas as partes à exceção da última. Mas também é pontuada por outro verso cantado quatro vezes ao longo da narrativa: "Sim, ganhar dinheiro, ficar rico, enfim". E, após esse outro verso, escutam-se quatro modos diferentes de retratar a morte, a qual desengana quem sonha "alto assim" tendo tido a vida "para sempre danificada".

O personagem traz "lembranças dolorosas" da Febem e não quer que o filho dele "cresça com um 'oitão' na cintura e uma PT na cabeça". Com insônia, pensa "o que fazer para sair dessa situação": "Desempregado, então, com má reputação/ Viveu na detenção, ninguém confia, não". Na favela onde habita, seu barraco está "Equilibrado num barranco, um cômodo, mal-acabado e sujo". A sensação de descaso do poder público pelo lugar é sintetizada em poucos versos: "Um cheiro horrível de esgoto no quintal"; "Até o IBGE passou aqui e nunca mais voltou"; "O IML estava só dez horas atrasado"; "Faltou água, já é rotina, monotonia".

A ação narrada transcorre em dois dias. No primeiro, "Acharam uma mina morta e estuprada". No segundo, é linchado um filho que "Estourou a própria mãe, estava embriagado". Nesse ponto, reflete-se sobre "Os ricos [que] fazem campanha contra as drogas" e "ganham muito dinheiro/ Com o álcool que é vendido na favela". O linchamento e a reflexão se desdobram no relato de "um mano" que "'tava ganhando dinheiro". Com ironia amarga, o personagem avalia o papel que o sujeito, depois de morto, desempenha na história oficial. Convém ampliar o entendimento dos versos cantados: o personagem cogita nas relações socioeconômicas que possibilitaram ao sujeito cumprir determinado papel; e também cogita na apropriação do sentido da morte pela mídia e pela polícia, que acumularam capital transformando os despojos em espetáculo.

> Foi fuzilado à queima-roupa no colégio
> Abastecendo a playboyzada de farinha
> Ficou famoso, virou notícia
> Rendeu dinheiro aos jornais, hã, cartaz à polícia
> Vinte anos de idade, alcançou os primeiros lugares
> Superstar do Notícias Populares.

Note-se que o relato complementa o vínculo entre "etiqueta" e "sarjeta" criticado em "Hey Boy"; e também que a periferia, seja consumidora ou seja vendedora de droga, sempre fica em desvantagem. Contudo, a substituição do ponto de vista de estudante pelo ponto de vista de ex-detento bem como a mudança da composição do tipo dramático para o tipo narrativo fazem com que "Homem na estrada" alcance resultado estético bem superior. A passagem de um discurso que cita genericamente "crianças, futuros homens" para a lembrança do "mano" dá maior concretude às relações sociais. Em outras palavras, os novos recursos utilizados pelo rapper criam de maneira mais adequada a impressão de que escutamos alguém que conhece as coisas por experiência, não por ouvir falar.

Outra cena observada pelo "homem na estrada" se assemelha à recriada em "O bicho", de Manuel Bandeira, poesia escrita no Rio de Janeiro em dezembro de 1947. Nessa o sujeito lírico confundia, a princípio, um homem com um bicho, confusão que nos choca quando é desfeita no verso final. A cena é recordada, o que sabemos desde o primeiro verso ("Vi ontem um bicho"), e o ponto de vista se constrói com base nessa distância temporal. A poesia se organiza como meditação do sujeito lírico, que relata o que lhe causou forte impacto, como se a cena que não lhe saísse da cabeça: a perda de humanidade causada pela miséria, a voracidade com que um faminto devora detritos imundos, a singularidade de "um homem" representando um tipo social já (mal) formado. Por tudo isso, os sentimentos do sujeito (inquietação, assombro, piedade) atuam como mediadores da realidade retratada.

Vi ontem um bicho
Na imundície do pátio
Catando comida entre os detritos.

Quando achava alguma coisa,
Não examinava nem cheirava:
Engolia com voracidade.

O bicho não era um cão,
Não era um gato,
Não era um rato.

O bicho, meu Deus, era um homem. (Bandeira, 1970)

"O bicho" é uma poesia completa em sua forma e, portanto, deve ser visto com cautela o seu cotejo com um episódio cantado em apenas quatro versos em meio à letra extensa de "Homem na estrada". O ganho que se espera é tornar mais visíveis algumas características do rap. Nesse o ex-detento não confunde as crianças com bichos, e talvez a falta de confusão deva chocar ainda mais. A observação é feita no presente, deixando mais à mostra que "a representação direta da realidade"[8] é um

8 Uma vez mais, utilizo-me livremente de formulação de Antonio Candido sobre Lima Barreto (Candido, 1989, p. 41).

dos ideais da composição (mas é claro que os recursos expressivos atuam como intermediários, e uma análise mais detalhada do rap não poderia deixar de lado, p. ex., a base musical e sua relação com o canto). [9] Vê-se a coletividade de uma "molecada sem futuro" em processo de (má) formação. E a disputa aludida na poesia, entre a voracidade de um cão, a de um gato, a de um rato e a de um homem, se torna uma disputa meticulosa entre iguais, com elevação de gatos e cachorros por personificação e, consequentemente, com rebaixamento das crianças (lembre-se que "palmo a palmo", que significa "pouco a pouco", deriva da extensão medida entre a ponta do polegar e a do dedo mínimo, com a mão aberta):

Empapuçado ele sai, vai dar um rolê

9 Iniciei a pesquisa desses itens mas, até o momento, não a desenvolvi: "A base musical de 'Homem na estrada' vem de 'Ela partiu' cantada por Tim Maia (devo a indicação a Filipe Ferreira Gomes Luna). Comparem-se as duas gravações. O Racionais utiliza de forma interessante a voz de Tim Maia: no original, a frase 'e nunca mais voltou' refere-se à mulher amada; no rap, a frase entra (fazendo scratch) junto com o verso 'Até o IBGE passou aqui e nunca mais voltou'. E o Racionais também repete muitas vezes, numa espécie de segunda parte, um único compasso da introdução original, em que a guitarra toca um acorde (Dm) acrescentando-lhe uma nota (7ª menor) e imprimindo com isso um outro timbre à sequência harmônica. Assim, o destaque que esse único compasso adquire no rap ultrapassa em muito sua execução no arranjo original, quando corre o risco de nem ser notado" (Garcia, 2004, p. 176-177).

Não acredita no que vê, não daquela maneira
Crianças, gatos, cachorros disputam palmo a palmo
Seu café-da-manhã na lateral da feira.

Ao final, o "homem na estrada" é executado pela polícia, de madrugada, dentro do barraco dele. "Assaltos na redondeza levantaram suspeitas", e "na calada caguetaram seus antecedentes". O rapper, comprometido com o protagonista como se afirmou, não canta a morte (nessa perspectiva, não é de estranhar que se fique em dúvida sobre quem, o personagem ou o narrador, desabafa a certa altura: "Não confio na polícia, raça do caralho/ Se eles me acham baleado na calçada/ Chutam minha cara e cospem em mim. É..."). Ouvem-se tiros e o último verso, "Minha verdade foi outra, não dá mais tempo pra nada", fica sem rima. Em vez de escutar-se entoar "o homem na estrada", como ao término das outras partes da canção, escuta-se uma locução simulando noticiário:

Homem mulato, aparentando entre 25 e 30 anos, é encontrado morto na estrada do M'Boi Mirim, sem número. Tudo indica ter sido acerto de contas entre quadrilhas rivais. Segundo a polícia, a vítima tinha vasta ficha criminal...

A complexidade inapreensível do "homem na estrada da vida" se reduz ao estereótipo do "homem mulato encontrado morto na estrada do M'Boi Mirim", [10] bandido com "vasta ficha criminal" assassinado por outro bandido. Experiências, sonhos, medos, projetos, pensamentos, sofrimentos, alegrias – tudo se perde no lide jornalístico produzido em série e comprometido com a versão oficial da polícia.

CAPÍTULO 4, VERSÍCULO 3

Dizendo de modo simples, "Capítulo 4, versículo 3", terceira faixa do quarto disco do Racionais, *Sobrevivendo no inferno*, faz a apresentação do rapper Mano Brown. O disco foi lançado em 1997, e o tema é comum no hip hop. Para ficar no âmbito brasileiro, o pioneiro LP *Hip-Hop cultura de rua*, lançado em 1988, incluiu "Corpo fechado", que fazia a apresentação do rapper Thaíde:

Me atire uma pedra, que eu te atiro uma granada
Se tocar em minha face, sua vida está selada
Portanto, meu amigo, pense bem no que fará

---

10 Quem me chamou a atenção para essa transformação – de homem na estrada (da vida) para homem na estrada do M'Boi Mirim (na morte) – foi Ana Paula Ramos Patrocínio, em comentário feito em sala de aula.

Pois não sei se outra chance você terá

Você não sabe de onde eu vim e não sabe pra onde vou

Mas pra sua informação vou te falar quem eu sou

Meu nome é Thaíde, e não tenho RG

Não tenho CIC, perdi a profissional

Nasci numa favela de parto natural

Numa sexta-feira santa que chovia pra valer

Os demônios me protegem e os deuses também

Ogum, Iemanjá e outros santos do além

Eu já te disse o meu nome, meu nome é Thaíde

Meu corpo é fechado e não aceita revide.

Embora Thaíde não mantivesse ostensiva agressividade na dicção, é evidente que os versos buscavam intimidar. À imagem de "pedra" e "granada", que dificilmente seria tomada ao pé da letra, seguia-se a concretude da situação de quem não tem muito ou não tem nada a perder. E o rapper ainda alardeava a proteção de demônios, deuses e santos, a condição de valente que tem o corpo fechado. [11] O uso desses três

11 Um segundo rap foi gravado por Thaíde e DJ Hum em Hip-Hop cultura de rua, "Homens da lei". Nele o jovem de periferia cantava a sensação de andar ameaçado, prestes a se tornar vítima dos equívocos da "polícia paulistana": "Se eles me pegam, avisem meu pai/ Se saio dessa vivo, não morro nunca mais/ Não sei se meu destino é mofar atrás das grades/ Ou ter meu corpo achado em um riacho da cidade". Pode-se dizer que "Homens da lei" revelava uma parcela da

recursos – sentido figurado, sentido literal e discurso religioso – também se dá em "Capítulo 4, versículo 3". Entretanto há, entre outras, duas diferenças que são fundamentais para o que aqui se discute.

A primeira é que a junção dos recursos é preparada na audição de *Sobrevivendo no inferno*. Todavia, nesse disco não se vai do cotidiano para o auxílio sobrenatural, como se notava nos versos de "Corpo fechado", mas do auxílio sobrenatural para o cotidiano. A primeira faixa do disco é "Jorge da Capadócia" (Jorge Ben Jor), canto a Ogum para fechar o corpo. [12] A segunda, "Gênesis (Intro)", é uma fala que já começa a nos apresentar a personagem do rapper:

Deus fez o mar, as árvores, as crianças, o amor

matéria histórica que dava substância a "Corpo fechado". Na experiência concreta, o poder da "granada" estava nas mãos da polícia, o da "pedra" ficava ao alcance do jovem de periferia. Assim, a valentia cantada em um rap invertia o temor cantado em outro. E o conflito com a autoridade parecia querer ensinar o valor do desmando ao jovem. É o que sugere, com ironia, outra estrofe cantada e repetida por Thaíde em "Homens da lei": "Se eles são os tais, eu quero ser também/ Ser mal-educado e não respeitar ninguém/ Bater em qualquer jovem sem motivo nenhum/ Andar em liberdade e sem drama algum" (Vários, 1988).

12 Em Sobrevivendo no inferno, "Jorge da Capadócia" é iniciada pela saudação a Ogum: "– Ogunhê!". Talvez não seja desnecessário dizer que "Ogum, no Brasil, é conhecido sobretudo como deus dos guerreiros" e que, no Rio de Janeiro, foi sincretizado com São Jorge (Verger, 2002, p. 94).

O homem me deu a favela, o crack, a trairagem
As armas, as bebidas, as putas
Eu?
Eu tenho uma bíblia velha, uma pistola automática
Um sentimento de revolta
E 'tô tentando sobreviver no inferno.

Como se vê, a sua situação se constrói na dialética entre o *supermundo metafísico*, fonte do Bem, e a sociedade que lhe concedeu a miséria, as drogas, a morte violenta, as relações humanas de traição e de mercantilização dos afetos. Na síntese enunciada, "o Deus de Brown não produz conformismo, esperança numa salvação mágica, desvalorização desta vida em nome de qualquer felicidade eterna" (Kehl, 2000, p. 224). Pelo contrário: ao sustentar uma ideia de Bem que não se concretiza na realidade da periferia urbana, esse Deus tão antigo quanto humilde ("bíblia velha") se alia ao armamento moderno ("pistola automática") e ao inconformismo do sujeito.

A seguir, "Capítulo 4, versículo 3" nos faz escutar outra fala, na voz de Primo Preto, construída com a autoridade das estatísticas. Ou seja, o inferno no qual habita o rapper é colocado em números, o que no dia a dia da mídia significa que se comunicam informações com objetividade. Mas há também a autoridade do locutor que, fundamentada na experiência por ele vivida, dá outra substância à objetividade dos números.

> 60% dos jovens de periferia sem antecedentes criminais já sofreram violência policial. A cada quatro pessoas mortas pela polícia, três são negras. Nas universidades brasileiras, apenas 2% dos alunos são negros. A cada 4 horas, um jovem negro morre violentamente em São Paulo. Aqui quem fala é Primo Preto, mais um sobrevivente.

A segunda diferença entre "Capítulo 4, versículo 3" e "Corpo fechado" é que, após as estatísticas, o canto de Mano Brown nos apresenta o seu papel de forma ambivalente, entre o sentido figurado e o literal, de tal modo que inicialmente somos levados a achar que ouvimos não um rapper, mas alguém que está armado (com uma pistola automática?) e que tem a intenção de atirar:

> Minha intenção é ruim, esvazia o lugar
> Eu 'tô em cima, eu 'tô a fim, um, dois pra atirar
> Eu sou bem pior do que você 'tá vendo
> O preto aqui não tem dó, é 100% veneno
> A primeira faz 'bum', a segunda faz 'tá'

Eu tenho uma missão e não vou parar

Meu estilo é pesado e faz tremer o chão

Minha palavra vale um tiro, eu tenho muita munição

Na queda ou na ascensão, minha atitude vai além

E tem disposição pro mal e pro bem.

Sem dúvida, parte da força dos versos se deve à dicção de Mano Brown, pois nem é necessário entender o que o sujeito da canção está dizendo para perceber a sua agressividade, assim como para sentir o encaixe rítmico interessante em relação ao acompanhamento. Contudo, parte da força também se deve à construção ambivalente ou, mais especialmente, à possível literalidade da intenção que "esvazia o lugar". A violência dos tiros responderia à violência das estatísticas, à violência do inferno arbitrário que a sociedade lhe deu. E reagiria conforme o bem que o rapper e demais jovens de periferia, sobretudo os jovens negros, não experimentam. [13]

De forma ambígua e coerente, na sequência o rapper se define como "um sádico ou um anjo, um

13 Na internet, assiste-se a vídeos de apresentações nas quais o gesto de Mano Brown reforça a literalidade dos versos. Para uma análise que comenta a relação do rap brasileiro em geral com a "grande massa carcerária" e que interpreta que o sujeito da canção de "Capítulo 4, versículo 3" se identifica "ora ao próprio rapper, ora a um bandido", ver Bruno Zeni (2004).

mágico/ Ou juiz, ou réu, um bandido do céu", "violentamente pacífico, verídico", "terrorista da periferia", "fronteira do céu com o inferno" – entre outras imagens que apontam para a condição de quem vive, enxerga e descreve a relação de violência, que estrutura dois lados da sociedade brasileira, novamente situando-se no lado dos oprimidos. Para o ouvinte, esse ponto de vista abre duas possibilidades: ou identificar-se com o rapper, o que no limite levaria a combater a opressão; ou sentir-se ameaçado, o que no limite levaria a combater o rap. Mas é óbvio que, na lógica do consumo mais ou menos descartável, o ouvinte pode simplesmente ignorar o ponto de vista do rapper e, de modo bem pueril, curtir ou não curtir o som.

Até aqui, "Capítulo 4, versículo 3" utilizou outros dois elementos retirados da indústria cultural, além das estatísticas que remetem à grande imprensa – mas que são enunciadas a partir de outro lugar social. Há a paródia de um comercial de lâminas de barbear ("A primeira faz tchan, a segunda faz tchun, e tchan, tchan, tchan, tchan!"). E há a citação de "O telefone tocou novamente", de Jorge Ben Jor, gravada em 1970 por Ben e o Trio Mocotó ("Pois só ela me entende e me acode/ *Na queda ou na ascensão/*

Ela é a paz na minha guerra").[14] Ocorre que o todo da canção é composto por fragmentos. Encenam-se ou relatam-se diversos fatos cotidianos, principalmente na voz de Mano Brown, mas também nas de Ice Blue e de Edy Rock. Assim, o sujeito não é apresentado só pela expressão da sua subjetividade e pela crônica da sua sobrevivência. Trata-se de uma forma original de apresentação do rapper. Desde as estatísticas, ou melhor, desde "Jorge da Capadócia", cujo canto também inclui mais de uma voz, escutamos a "intersecção entre a experiência do indivíduo e a vida da sua coletividade" (Garcia, 2004, p. 174). Até o término de "Capítulo 4, versículo 3", ficará nítido que a indústria cultural é uma das instâncias que (des)compõem, em meio à fragmentação, a identidade do sujeito e a existência da periferia (note-se que esse dado se articula com a influência dos discos, do rádio e do cinema em "Hey Boy" e com a presença do rádio em "Homem na estrada").

> Irmão, o demônio fode tudo ao seu redor
> Pelo rádio, jornal, revista e outdoor [...]

14 Em vários momentos, o trabalho do Racionais MC's dialogou com a obra de Jorge Ben Jor. Tomando como ponto de partida o CD-duplo Nada como um dia após o outro dia, Gabriel de Santis Feltran analisa de modo instigante aspectos dessa relação (Feltran, 2013).

Ouvindo um rádio velho, no fundo de uma cela [...]
Enfim, o filme acabou pra você
A bala não é de festim, aqui não tem dublê [...]
É foda! Foda é assistir à propaganda e ver
Não dá pra ter aquilo pra você.

Nos versos que concluem o rap, o sujeito da canção se dirige a um "você" que retoma o "boy" intimidado na periferia. Mais uma vez, a alternativa de tornar-se um criminoso é anunciada e é recusada. Todavia, agora são expostos motivos para a recusa:

Mas não! Permaneço vivo, prossigo a mística
27 anos, contrariando a estatística
Seu comercial de tevê não me engana, hã
Eu não preciso de status nem fama
Seu carro e sua grana já não me seduz
E nem a sua puta de olhos azuis
Eu sou apenas um rapaz latino-americano
Apoiado por mais de 50 mil manos
Efeito colateral que o seu sistema fez
Racionais, capítulo 4, versículo 3.

Em síntese, cantam-se quatro motivos: permanecer vivo, o que além de ser razoável é também respeitar um preceito religioso; haver ultrapassado o fascínio da forma-mercadoria; contar com o apoio de seus "manos", que não são poucos; e firmar-se como "efeito colateral", portanto não desejado, do sistema que a mídia difundiu em estatísticas, propagandas e canções ("Apenas um rapaz latino-americano", de Belchior, fez sucesso em 1976). [15]

NEGRO DRAMA

O Racionais MC's já havia obtido sucesso considerável com o disco *Raio X Brasil*, de 1993. Mas, por ironia, com *Sobrevivendo no inferno* tornou-se famoso em outra escala (particularmente Mano Brown, como se sabe). Em 2002, a modificação do lugar social dos rappers foi cantada com lucidez em várias faixas do CD-duplo *Nada como um dia após o outro dia*. O primeiro disco tem por título "Chora agora". O segundo, "Ri depois". Do primeiro faz parte "Negro drama", de Edy Rock e Mano Brown. A canção aprofunda o entendimento das trajetórias pessoais reportando-se ao processo de formação ou de má-formação da sociedade brasileira.

15 Sobre o sucesso de "Apenas um rapaz latino-americano", lançada por Belchior no disco Alucinação, ver Rita C. L. Morelli (1991, p. 61-82) e Jairo Severiano & Zuza Homem de Mello (1998, p. 225).

[Edy Rock]
Desde o início, por ouro e prata, hum
Olha quem morre, então, veja você quem mata
Recebe o mérito a farda que pratica o mal
Me ver pobre, preso ou morto já é cultural [...]
Tim-tim, um brinde pra mim
Sou exemplo de vitórias, trajetos e glórias
O dinheiro tira um homem da miséria
Mas não pode arrancar de dentro dele a favela [...]
[Mano Brown]
Família brasileira, dois contra o mundo
Mãe solteira de um promissor vagabundo
Luz, câmera e ação, gravando, a cena vai
O bastardo, mais um filho pardo, sem pai
Hey, senhor de engenho, eu sei bem quem você é
Sozinho 'cê num 'guenta, sozinho cê num entra a pé
'Cê disse que era bom, e a favela ouviu
Lá também tem uísque, Red Bull, tênis Nike, fuzil.

Seja porque "eles reconhecem orgulhosamente seu sucesso sem com isso apagar as marcas da origem, da pobreza e da cor" (Kehl, 2002, p. 31), seja porque "o apelo à raiz histórica serve para reforçar o estrago contemporâneo da herança colonial e, por extensão, a persistência da lógica escravista" (Zeni, 2004, p. 227), o fato é que não há qualquer traço de deslumbramento nos versos.[16] E nem nas dicções. A voz de Edy Rock, sem deixar de ostentar orgulho, carrega tristeza e rancor. A voz de Mano Brown, "nervosa e imponente" (Kehl, 2002, p. 31), segue afrontando. [17] Apresentado em show gravado para o DVD *1000 trutas 1000 tretas*, o rap mobiliza de tal forma o público que não é difícil sentir uma ação coletiva, em potência, que visa à subversão da herança de desigualdade econômica e de segregação racial (Racionais MC's, 2006). "Negro drama" expressa o revide à violência atual recebida pela classe baixa, com ódio alimentado *da imagem dos antepassados escravizados.*

16 Bruno Zeni alude à possível relação entre uma das imagens de "Negro drama" e "algumas passagens do Recordações do escrivão Isaías Caminha, de Lima Barreto". Não é o caso de discutir a relação, feita em nota e apenas sugerida (Zeni, 2004, p. 226 e p. 239). Todavia, uma vez que apontei semelhanças entre o romance e "Hey Boy", creio que seja importante assinalar que não concordo exatamente com a observação de Zeni, uma vez que a "estrela longe meio ofuscada" de Edy Rock refere-se ao desencanto de quem é alvo de injustiças e, depois, não se ilude com o sucesso ainda que o tenha alcançado de forma bastante digna, enquanto Isaías Caminha é alvo de injustiças e, depois, não encontra razões para se orgulhar do lugar indigno e confortável que obteve.
17 De modo bem mais completo do que faço, Leandro Silva de Oliveira, Marcelo Segreto e Nara Lya Simões Caetano Cabral abordam a diferença entre as interpretações de Edy Rock e de Mano Brown em "Negro drama", bem como a relação entre os recursos empregados por cada um e a letra cantada. O artigo, que se apoia metodologicamente no trabalho de análise da canção desenvolvido por Luiz Tatit e em conceitos propostos por Mikhail Bakhtin e por Dominique Maingueneau, também analisa "Capítulo 4, versículo 3" (Oliveira; Segreto; Cabral, 2013).

O ponto de vista construído por Mano Brown e Edy Rock, e compartilhado por seu público, ficará mais nítido mediante cotejo com o ponto de vista de "Sinhá", de João Bosco e Chico Buarque, composição gravada no disco *Chico*, de 2011. Numa primeira audição, é difícil não reconhecer as intenções progressistas e a lucidez desse samba. Sua narrativa reelabora com criatividade a literatura da escravidão. Em andamento desacelerado, escutamos "o conto de um cantor", conto absolutamente terrível. Até a parte final, quando então se apresentará, o cantor empresta a voz a um escravo, que fala tentando escapar à tortura. Mas o que ele diz relata dramaticamente que o personagem é aleijado no tronco, é açoitado e tem os olhos furados. Narrativa muito distante, portanto, da "saudade do escravo" de Joaquim Nabuco, da escravidão retratada nostalgicamente como o "suspiro indefinível que exalam ao luar as nossas noites do Norte": [18] "um jugo suave, orgulho exterior do senhor, mas também orgulho íntimo do escravo, alguma coisa parecida com a dedicação do animal que nunca se altera, porque o fermento da desigualdade não pode penetrar nela" (Nabuco, 1949, p. 231-233). Ocorre que a violência

18 O texto de Joaquim Nabuco, de que a frase faz parte, foi utilizado por Caetano Veloso. Em seus desdobramentos, esta análise deverá incluir a crítica do disco *Noites do Norte* (Veloso, 2000).

do senhor de engenho branco é superior e miserável, porém, o escravo negro não faz papel de inocente em "Sinhá",[19] já que seduziu "a dona" com o poder de seus feitiços. Ou seja, o enredo nada tem de simples e impede o maniqueísmo.

Não custa salientar que a ação do escravo altera tradições rurais referidas por Gilberto Freyre (1995, p. 372): "até mães mais desembaraçadas empurravam para os braços dos filhos já querendo ficar rapazes e ainda donzelos, negrinhas ou mulatinhas capazes de despertá-los da aparente frieza ou indiferença sexual". É certo que essas mesmas tradições registram "casos de irregularidades sexuais entre sinhá-donas [senhoras casadas] e escravos", ainda segundo Freyre (1995, p. 338). De todo modo, o fundamental é que o conto de "Sinhá", ao colocar em destaque a violência, não se pauta pela ideia de que "somos duas metades confraternizantes que se vêm mutuamente enriquecendo de valores e experiências diversas", visão que predomina em *Casa-Grande & Senzala*, apesar de todas as anota-

19 Devo a observação a comentário de Ton Lopes, assim como devo a Vinícius Gueraldo o comentário de que o embalo da canção e a atuação do coro, cantando "êri ere...", dificultam ou, no limite, impedem que se ouçam a tortura do escravo e o conflito do narrador (adiante abordarei esse aspecto). Agradeço a ambos e a Marília Calderón, David Forell, Marcelo Segreto e Yuri Prado a oportunidade de discutir "Sinhá".

ções de práticas sádicas, de crueldades extremas que aí se encontram (Freyre, 1995, p. 335-338). [20] A ira do senhor de engenho expressa a face terrível do "homem cordial", um tipo social que não reconhece, na lei, limites para os seus afetos negativos, nos termos de Sérgio Buarque de Holanda (2001). Nesse quadro, é oportuno retomar uma afirmação pouco lembrada de *Raízes do Brasil*: "Com a simples cordialidade não se criam bons princípios" (Holanda, 2001, p. 185).

Na parte final da canção, todo esse conflito é encarnado pelo narrador, cantor-ator "atormentado" (adjetivo que significa, em sentido literal, "torturado" e, em sentido figurado, "angustiado"):

20 O escravo que ouvimos em "Sinhá" diz que "estava lá na roça", que "estava na moenda". As desculpas podem ser as mais esfarrapadas, tanto quanto "Nem enxergo bem", "Eu só cheguei no açude/ Atrás da sabiá/ Olhava o arvoredo/ Eu não olhei Sinhá". Ainda assim, se efetivamente trabalhava na roça ou na moenda, o escravo não havia subido da senzala para o serviço doméstico no engenho. Desse modo, é preciso ressalvar que a perspectiva defendida em Casa-Grande & Senzala, como se sabe, argumenta sobre "a doçura nas relações de senhores com escravos domésticos, talvez maior no Brasil do que em qualquer outra parte da América" (Freyre, 1995, p. 352); o que não significa que eu compartilhe essa perspectiva. Na obra do Racionais MC's, a abordagem crítica desse prisma foi apresentada já em Holocausto urbano, no rap "Racistas otários" (Mano Brown/ Ice Blue): "[Brown, cantando] No meu país o preconceito é eficaz/ Te cumprimentam na frente, te dão um tiro por trás [Locução simulando discurso de um intelectual] O Brasil é um país de clima tropical, onde as raças se misturam naturalmente/ E não há preconceito racial [Riso perverso]".

E assim vai se encerrar

O conto de um cantor

Com voz do pelourinho

E ares de senhor

Cantor atormentado

Herdeiro sarará

Do nome e do renome

De um feroz senhor de engenho

E das mandingas de um escravo

Que no engenho enfeitiçou Sinhá.

Em suma, o ponto de vista do conto se estrutura na consciência de saber-se o resultado tanto da ferocidade desmedida (que lhe deu "nome e renome", portanto lugar ao sol, "ares de senhor") quanto do sangue e das artimanhas de quem só dispunha dos feitiços de sedução (trata-se, enfim, de um cantor de música popular).[21]

21 O ponto de vista do conto de "Sinhá" dá um passo adiante em relação ao lirismo de "Subúrbio", de Chico Buarque, choro-canção que abriu o disco anterior do artista (Buarque, 2006a). Passo adiante não em termos de valor estético, pois esse resulta do menor ou do maior acerto na figuração de uma atitude, mas em termos da própria atitude, mais progressista em "Sinhá". É que naquele choro-canção, embora o sujeito lírico incentive melancolicamente que o subúrbio desbanque "A tal que abusa/ De ser tão maravilhosa", que dê "[...] uma ideia/ Naquela que te sombreia" – em "Subúrbio", ressoa um tipo de piedade semelhante à que anima "Gente humilde", de Garoto, Vinicius de Moraes e Chico Buarque (Buarque, 1993); um

Numa segunda audição, entretanto, causa estranheza perceber o alto grau de violência, de sofrimento e de conflito da narrativa, por um lado, e a doçura, o embalo, a leveza da canção, por outro – características que decorrem da sonoridade como um todo, mas que se observam, de modo particular, na maneira como a letra é cantada (refiro-me à composição e à *performance*) ou no apelo da pulsação rítmica, mais evidente quando o coro entoa "êri ere, êri ere...". Aliás, a sedução do coro e suas possíveis consequências para o sentido da canção talvez não tenham escapado a Chico Buarque. No documentário *Dia voa*, que cobriu e divulgou a gravação do disco, ele brinca com João Bosco dizendo que é com esse "êri ere" que o escravo "enfeitiça a branquinha". O chiste é interessante. Levado a sério, dá maior força a outro comentário de Chico Buarque, sobre os instrumentos de percussão que ouvimos ao final: "Quando termina toda a história [...], vira a grande festa lá do nosso escravo", festa que "não se justificava tanto no começo" (Buarque, 2011b) – em outras palavras, durante a tortura.

sentimentalismo paternalista que tanto pressupõe a superioridade de quem vê "aquela gente toda" quanto enxerga virtudes morais na pobreza ("Casas sem cor/ Ruas de pó, cidade/ Que não se pinta/ Que é sem vaidade"); sentimentalismo que se confessa impotente e que revela um fundo de culpa, portanto afim com hábitos religiosos da cultura tradicional no Brasil.

Mas a estranheza não se dissipa, já que "a grande festa" do escravo – síntese da doçura, do embalo e da leveza da canção – não entra exatamente em choque, não cria tensão com a violência, o sofrimento e o conflito encenados na letra, ainda que suspenda ou que coloque sob suspeita essa matéria monstruosa. É que, embora estejam reunidos no fonograma, os dois lados atuam em paralelo. Assim, ao privilegiar a festa, somos levados a encarar o conto com otimismo ou, no limite, simplesmente não lhe damos atenção. No polo oposto, ao privilegiar a narrativa, passamos a escutar com desconfiança a festa do escravo, talvez lhe atribuindo um tom melancólico; no limite, somos obrigados a ignorar por completo a suavidade e o balanço da canção.

Estamos diante de uma questão percebida na própria forma artística. [22] Na soma das duas alternativas, o ponto de vista de "Sinhá", no disco *Chico*, se constrói com base em uma ambivalência que, se não nega, altera o conflito sobre o qual o ponto de vista do conto

[22] De modo geral, como notou o próprio Chico Buarque em programa para a tevê brasileira, o rap "é uma negação desse formato de canção" com o qual ele sempre trabalhou (Buarque, 2006b). O desenvolvimento da crítica, que aqui apresento em seus aspectos iniciais, deverá analisar os recursos utilizados na gravação de "Sinhá", o que significa refletir sobre os materiais responsáveis pela constituição do ponto de vista e pela organização da obra.

se estrutura. A consciência do sujeito, expressa pelas palavras, está atormentada, uma vez que sabe bem das duas heranças que recebeu, as quais lutam entre si. Mas o sentimento, que aparece como efeito dos elementos musicais, comunica uma sensação de doçura e de leveza. A cisão poderia gerar um confronto do sujeito consigo mesmo, mas gera apenas contraste. [23] O narrador se considera torturado, angustiado. E se sente confortável.

23 Inspiro-me em outro comentário de Chico Buarque, em especial feito para a tevê francesa em 1990: "O Rio, pelas características topográficas mesmo, por ser uma cidade espremida entre o mar e a montanha, ele tem umas peculiaridades assim. O trabalhador, que antes ocupava aqui a zona sul do Rio, ele foi sendo expulso, em vez de ser expulso para fora, para a periferia, foi expulso pro alto, foi ocupar as favelas, né. Isso criou, num primeiro momento, um convívio... É claro que sempre houve um contraste social entre a classe média que tá lá embaixo e o morro. Agora, havia, quer dizer, quando ainda não havia, ainda não existia um contraste tão violento, havia um convívio que foi inclusive responsável pela nova música popular, quer dizer, que é uma estilização da música do morro. A música composta pela classe média com influência marcante da música do morro... Havia essa troca de figurinhas entre o pessoal do morro e o pessoal aqui debaixo. Havia um contraste, mas não havia um confronto" (Buarque, 2003).

REFERÊNCIAS BIBLIOGRÁFICAS

BANDEIRA, Manuel. "O bicho". In: BANDEIRA, M. *Estrela da vida inteira: poesias reunidas*. 2ª ed. Rio de Janeiro: Livraria José Olympio Editora/ INL, 1970. p. 196.

CANDIDO, Antonio. "Os olhos, a barca e o espelho". In: CANDIDO, A. *A educação pela noite & outros ensaios*. 2ª ed. São Paulo: Ática, 1989. p. 39-50.

LIMA BARRETO, A. H. *Recordações do escrivão Isaías Caminha*. 6ª ed. São Paulo: Brasiliense, 1976.

FELTRAN, Gabriel de Santis. "Sobre anjos e irmãos: cinquenta anos de expressão política do 'crime' numa tradição musical das periferias". *Revista do Instituto de Estudos Brasileiros*. Nº 56. São Paulo, 2013. p. 43-72.

FREYRE, Gilberto. *Casa-Grande & Senzala*. 30ª ed. Rio de Janeiro: Record, 1995.

GARCIA, Walter. "Ouvindo Racionais MC's". *Teresa, revista de Literatura Brasileira*. Nº 4/5. São Paulo, 2004. p. 166-180.

______________. "'Diário de um detento': uma interpretação". In: NESTROVSKI, A. (org). *Lendo música*. São Paulo: Publifolha, 2007. p. 179-216.

HOLANDA, Sérgio Buarque de. *Raízes do Brasil*, 26ª ed., 11ª reimpressão. São Paulo: Companhia das Letras, 2001.

JÚLIO MARIA. "Não acredito em líderes, só acredito em pessoas" (entrevista com Mano Brown). *Jornal da Tarde*. São Paulo, 21/12/2006.

KALILI, Sérgio. "Mano Brown é um fenômeno". *Caros Amigos*. Ano I. Nº 10. São Paulo, Casa Amarela, jan. 1998a. p. 30-34.

______. "Uma conversa com Mano Brown". *Caros Amigos Especial nº 3: Movimento Hip Hop*. São Paulo, Casa Amarela, 1998b. p. 16-19.

KEHL, Maria Rita. "A fratria órfã: o esforço civilizatório do rap na periferia de São Paulo". In: KEHL. M. R. (org.). *Função fraterna*. Rio de Janeiro: Relume Dumará, 2000. p. 209-244.

______. "O lamento de Mano Brown". *Reportagem*. Ano IV. Nº 38. Belo Horizonte, nov. 2002. p. 31-32.

MACHADO DE ASSIS, J. M. "18 de dezembro de 1892". In: MACHADO DE ASSIS, J. M. *A Semana*. Org. John Gledson. São Paulo: Hucitec, 1996. p. 167-169.

MORELLI, Rita C. L. *Indústria fonográfica: um estudo antropológico*. Campinas: Editora da Unicamp, 1991.

NABUCO, Joaquim. *Minha formação*. Rio de Janeiro/ São Paulo/ Porto Alegre: W. M. Jackson Inc., 1949.

OLIVEIRA, Leandro Silva de; SEGRETO, Marcelo; CABRAL, Nara Lya Simões Caetano. "Vozes periféricas: expansão, imersão e diálogo na obra dos Racionais MC's". *Revista do Instituto de Estudos Brasileiros*. Nº 56. São Paulo, 2013. p. 101-126.

REGO, José Lins do. *Usina*. 11ª ed. Rio de Janeiro: Livraria José Olympio Editora, 1982.

ROSA, João Guimarães. "A hora e a vez de Augusto Matraga". In: ROSA, J. G. *Sagarana*. 25ª ed. Rio de Janeiro: Livraria José Olympio Editora, 1982. p. 321-367.

SCHWARZ, Roberto. *Seqüências brasileiras*. São Paulo: Companhia das Letras, 1999.

SEVERIANO, Jairo & MELLO, Zuza Homem de. *A canção no tempo: 85 anos de músicas brasileiras, v. 2: 1958-1985*. São Paulo: Editora 34, 1998.

VERGER, Pierre Fatumbi. *Orixás*. Trad. Maria Aparecida da Nóbrega. 6ª ed. Salvador: Corrupio, 2002.

ZENI, Bruno. "O negro drama do rap: entre a lei do cão e a lei da selva". *Estudos Avançados*. V. 18. Nº 50. São Paulo, 2004. p. 225-241.

REFERÊNCIAS DISCOGRÁFICAS

BOTELHO, Guilherme (direção). *Nos tempos da São Bento*. Suatitude, 2010. 1 DVD.

BUARQUE, Chico. *Chico Buarque de Hollanda nº 4*. Philips/PolyGram, 812 091-2, 1993. 1 CD. [p1970.]

BUARQUE, Chico. *Chico ou o país da delicadeza perdida*. Direção Walter Salles Jr. e Nelson Motta. BMG, 82876538929, 2003. 1 DVD. [p1990.]

____________. *Carioca*. Biscoito Fino, BF 645, 2006a. 1 CD, 1 DVD.

____________. *Romance*. Direção Roberto de Oliveira. RWR/EMI, 358443 9, 2006b. 1 DVD.

____________. *Chico*. Biscoito Fino, BF 380, 2011a. 1 CD.

DIAS, Paulo Anderson Fernandes. *São Paulo corpo e alma*. Associação Cultural Cachuera!, 2003. 1   DVD, 1 CD.

RACIONAIS MC'S. *Holocausto urbano*. RDS Fonográfica/ Zimbabwe, RDL 4006, s.d. 1 CD. [p1990.]

__________. *Racionais MC's*. RDS Fonográfica/Zimbabwe Records, ZBCD 015, s. d. 1 CD.   [Coletânea dos discos *Raio X Brasil*, *Escolha seu caminho* e *Holocausto urbano*.]

__________. *Sobrevivendo no inferno*. Cosa Nostra/ Zambia, CDRA 001, 1997. 1 CD.

__________. *Nada como um dia após o outro dia*, Cosa Nostra/Zambia, ZA-050-1, 2002. 2   CDs.

__________. *1000 trutas 1000 tretas*. Direção L. P. Simonetti e Roberto T. Oliveira. Cosa Nostra/Sindicato Paralelo Filmes/Ice Blue, CN 007, 2006. 1 DVD.

VELOSO, Caetano. *Noites do Norte*. Universal, 73145483622, 2000. 1 CD.

INTERNET

BELCHIOR. "Apenas um rapaz latino-americano". Belchior. In: *MPBZ 30 anos 30 sucessos*. Rio de Janeiro: MZA, 2007. Coletânea disponível em: < http://www.radio.uol.com. br > Acesso em: 6 jan. 2012.

BUARQUE, Chico. *Dia voa*. Direção Bruno Natal. Videograma/Biscoito Fino, 2011b. Disponível em: <http://www. youtube.com/watch?v=1MPebkuuEjo> Acesso em: 6 ago. 2013.

JORGE BEN JOR. "O telefone tocou novamente". Jorge Ben Jor. In: *Puro suingue*. Rio de Janeiro: Universal, 2000. Coletânea disponível em: < http://www.radio.uol.com.br > Acesso em: 5 jan. 2012. O fonograma foi produzido para JORGE BEN, *Força bruta*. Rio de Janeiro: Philips, 1970. Parte do fonograma está disponível em:< http://www.benjor.com.br/sec_disco_view.php?id=8# > Acesso em: 5 jan. 2012.

MANO BROWN. "Marighella lembra Public Enemy e Racionais, diz Mano Brown". Entrevista a Morris Kachani publicada na *Folha de S.Paulo* em 18/8/2011. Disponível em: < http://www1.folha.uol.com.br/ilustrada > Acesso em: 19 ago. 2011.

PIMENTEL, Spensy. "Cultura: Entrevista com Mano Brown". *Teoria e Debate*. Nº 46. Novembro, dezembro, janeiro 2001. Disponível em: < http://www.fpa.org.br/o-que--fazemos/editora/teoria-e-debate/edicoes-anteriores/cultura-entrevista-com-mano-brown > Acesso em: 6 jan. 2012.

PLASSE, Marcelo. "Movimento sai da periferia rumo ao sucesso". Reportagem publicada na *Folha de S.Paulo* em 7/5/1994. Disponível em: < http://www1.folha.uol.com.br/fsp/1994/5/07/ilustrada/6.html > Acesso em: 15 jan. 2010.

SANTOS, Fábio. Entrevista com Mano Brown, Edy Rock e Ice Blue para a revista *Raça*, 1997. Disponível em: *Racionais MC´s Unnoficial* (sic) *Homepage*. Acesso em: 7 set. 2003. Página não disponível na internet em 17 jul. 2013.

VÁRIOS. *Hip-Hop cultura de rua*. São Paulo: Eldorado, 1988.

Disponível em: < http://www.radio.uol.com.br > Acesso em: 21 jul. 2011.

Cadernos Ultramares